Dr. Oetker

Vollwertküche

Phantasievoll und köstlich

Die Rezepte sind – wenn nicht anders angegeben – für 4 Personen berechnet.

Lizenzausgabe für
UNIPART VERLAG GMBH
Remseck bei Stuttgart, 1995

ISBN 3 8122 3546 3

Dr. Oetker
Vollwertküche
Phantasievoll und köstlich

Frühstück
Fruchtige, kernige Müslis, süße und pikante Brotaufstriche für den gesunden Start in den Tag.

Gemüse & Salate
Vitamine rund ums Jahr: Bunte Gemüse als Beilagen und Solisten, knackige Salate und Rohkost.

Getreide
Herzhafte Gerichte aus Körnern und Keimen, Grützen und Gries, bunte Risottos und selbstgemachte Vollkornnudeln.

Fleisch
Gerichte von Hühnchen, Pute und Ente, von Lamm und Kaninchen, mit Gemüse vollwertig veredelt.

Hülsenfrüchte
Erbsen, Bohnen, Linsen in deftigen Suppen, gehaltvollen Salaten, würzigen Gemüsetöpfen, unter der Haube oder in glasklarem Gelee.

Fisch
Zart über Dampf gegart, würzig mit Kräutern gedünstet, knusprig in Teig gebacken oder pikant mariniert: Süß- und Salzwasserfische.

Eier & Milch
Lockere Soufflés, pikante Omeletts, erfrischende Joghurt- und Quarkspeisen und raffinierte Käse-Köstlichkeiten.
Rezepte auf den Seiten 100 bis 111.

Pikantes Gebäck
Knusprige Pizzas, gefüllte Teigtäschchen und saftige Schichtpasteten als Hauptgerichte oder Zwischenmahlzeiten.
Rezepte auf den Seiten 132 bis 143.

Desserts & Süßspeisen
Früchte mit sahnigen Saucen, zarte Cremes und Puddings, aromatische Eiscremes und heiße Süßspeisen zum Sattessen.
Rezepte auf den Seiten 112 bis 121.

Brot & Brötchen
Herzhaft-würziges Brot, leckere Brötchen und Fladen aus Ofen und Pfanne – natürlich aus echtem Schrot und Korn.
Rezepte auf den Seiten 144 bis 155.

Kuchen & Gebäck
Kein Tabu für Vollwertkoster: Obstkuchen und -törtchen, würzige Küchlein und nussiges Kleingebäck.
Rezepte auf den Seiten 122 bis 131.

Ratgeber
Was Sie über Vollwert-Ernährung wissen sollten, über die Zusammenstellung der Nahrung, über Nährstoffe, Lebensmittel und deren Behandlung erfahren Sie auf den Seiten 8 bis 25.

Was ist Vollwert-Ernährung?

Vollwert-Ernährung strebt den Verzehr unserer Lebensmittel in ihrem höchstmöglichen Wertzustand an, damit eine optimale Versorgung des Körpers mit allen erforderlichen Nahrungsinhaltsstoffen gewährleistet ist. Zu den bedeutsamen Nahrungsinhaltsstoffen zählen Protein, Kohlenhydrate, Fette, Vitamine, Mineralstoffe, Spurenelemente, Ballaststoffe und Wasser sowie zahlreiche sekundäre Pflanzenstoffe. Die Aufnahme der Lebensmittel in einer Qualität, Zusammensetzung und Zubereitung, welche dem Bedarf des Menschen möglichst genau entspricht, sorgt für störungsfreien Stoffwechsel, der eine Voraussetzung für altersgerechtes Wachstum, optimale körperliche und geistige Leistungsfähigkeit sowie entsprechende Stärkung von Abwehrkräften gegenüber Krankheiten darstellt.

Vollwert-Ernährung unterscheidet sich von derzeitiger üblicher Durchschnittskost dadurch, daß jedes übertriebene Verfeinern der Lebensmittel durch Be- und Verarbeitungsverfahren vermieden wird, da häufig lebenswichtige Nährstoffe in erheblichem Maße oder auch völlig entfernt oder zerstört werden. Nach Be- und Verarbeitung kann nur im Ausnahmefall das erhalten werden, was vorhanden ist, oft tritt eine erhebliche Wertminderung ein. Das Ziel der Werterhaltung wird am wirksamsten durch Bevorzugung pflanzlicher Lebensmittel verwirklicht, wie Getreide, Gemüse, Kartoffeln, Hülsenfrüchte und Obst. Wenn es möglich und sinnvoll ist, sollten pflanzliche Lebensmittel auch in roher Form – inklusive milchsaurer Erzeugnisse – als Frischkost verzehrt werden. Bei den tierischen Nahrungsmitteln werden Milch und Milchprodukte mit geringem Verarbeitungsgrad sowie Fisch bevorzugt. Der Verzehr von Eiern und Fleisch und besonders von Wurstwaren wird stark reduziert, u.a. wegen des hohen Fett-, Cholesterin- und Kochsalzgehaltes. Eine der Vollwert-Ernährung ähnliche Kost war vor Beginn der industriellen Verarbeitung der Lebensmittel die übliche Kostform der Menschen in den jetzigen Industrieländern. Auch die Bevölkerung in Entwicklungsländern lebt heute noch vorwiegend von pflanzlicher, relativ wenig verarbeiteter Kost. Ernährungsbedingte Zivilisationskrankheiten waren früher bei uns und sind heute in Entwicklungsländern fast unbekannt. Dieses zeigt die Bedeutung der Ernährung für die Gesundheit, aber das Ausmaß der körperlichen Aktivität und der Umweltbelastung hat sich mit der Industrialisierung auch stark verändert.

Unter den heutigen Lebensverhältnissen ist es nicht immer leicht, den verbreiteten und gewohnten Trend der Bevorzugung technisch verfeinerter Nahrungsmittel zu umgehen. Andererseits war das saisonalabhängige und abwechslungsreiche Angebot an Frischkost noch nie so groß, da schneller Transport und schonende Aufbewahrung heute möglich und selbstver-

ständlich sind. Die Berücksichtigung des derzeitigen Wissens aus Ernährungsphysiologie, Hygiene, Lebensmitteltoxikologie und anderer Wissensgebiete bietet die Möglichkeit, daß der Körper durch Vollwert-Ernährung die von der Natur zur Verfügung gestellten Werte zur Erhaltung der Gesundheit voll nutzen kann.
Das Konzept der Vollwert-Ernährung bietet die Möglichkeit einer Prophylaxe gegen ernährungsbedingte Krankheiten in einer ganzheitlichen Vorgehensweise, da die Erzeugung und Auswahl der empfohlenen Lebensmittel sowohl ökologischen als auch ökonomischen Erfordernissen entspricht. Es ist eine Ernährungsweise, die ohne wissenschaftliche Vorkenntnisse oder aufwendige Berechnungen verständlich und anwendbar ist. Die Empfehlungen für die Vollwert-Ernährung beinhalten Lebensmittel und nicht einzelne Nahrungsinhaltsstoffe. Mit dem Bedarf an Nährstoffen und ihrem Stoffwechsel müssen sich die Experten auseinandersetzen, die Hausfrau benötigt Einkaufstips und entsprechende Rezepte, da sie Mahlzeiten zubereitet.
Zur Verwirklichung der Ziele der Vollwert-Ernährung sind neben Wissen über eine vernünftige Lebensmittelauswahl, besonders Anleitungen zur Umsetzung in den Alltag von entscheidender Bedeutung. Dazu bedarf es klarer Erläuterungen und volksnaher Rezepte, die von den bisherigen Ernährungsgewohnheiten nicht zu sehr abweichen und gleichzeitig die weitreichenden, aber doch einfachen Ziele der Vollwert-Ernährung verwirklichen.
Aus diesem Grunde ist es besonders begrüßenswert, daß der Verlag die ständig wachsende Nachfrage nach Kochbüchern für zeitgemäße Ernährung durch ein Rezeptangebot bereichert, das vielen Mitmenschen, die bisher nicht den richtigen Zugang zur Vollwert-Ernährung gefunden haben, den Weg zu dieser empfehlenswerten Ernährungsweise erleichtern wird. Sowohl den bereits erfahrenen Vollwertköchen als auch den Neulingen sollte die reiche Auswahl an Rezepten die Überzeugung davon geben, daß Vollwert-Ernährung nicht Verzicht, sondern eine Bereicherung des Nahrungsangebotes darstellt.

Was Sie über Vollwertkost wissen sollten . . .

. . .über die Zusammenstellung der Nahrung, über Nährstoffe, Lebensmittel und deren Behandlung, erfahren Sie auf den nächsten Seiten.

Aus echtem Schrot und Korn: Brot und Brötchen

Sauerteigbrot
(Foto S. 144/145)

Für den Sauerteig

100 g Roggenmehl in einer Keramikschüssel mit
100 ml lauwarmem Wasser verrühren, mit einem Tuch bedecken, in eine Plastiktüte stecken, 24 Stunden an einem warmen Ort mit etwa 20 Grad gehen lassen, dann wieder mit
100 g Roggenmehl
100 ml lauwarmem Wasser verrühren, nochmals 24 Stunden ruhen lassen, mit
200 g Roggenmehl
200 ml lauwarmem Wasser verrühren, nochmals 24 Stunden gehen lassen
500 g Sauerteig von der so vorbereiteten Menge abwiegen, mit
300 g Roggenvollkornschrot
300 g Weizenvollkornschrot
200 g Weizenvollkornmehl
1 Eßl. Salz vermengen
20 g frische Hefe in
250 ml (1/4 l) lauwarmem Wasser auflösen, nach und nach unterkneten, bis ein fester, formbarer Teig entstanden ist, evtl. noch etwas Wasser hinzugeben, eine Kugel aus dem Teig formen, mit
Weizenvollkornmehl bestäuben, in sehr warmer Umgebung (etwa 30 Grad) mit einem Küchentuch bedeckt etwa 1 Stunde gehen lassen
1 geflochtenes, unlackiertes Weidenkörbchen mit Weizenvollkornmehl ausstreuen, Teig hineinlegen, mit Weizenvollkornmehl bestäuben, nochmals bei Zimmertemperatur 2 Stunden gehen lassen, bis die Teigoberfläche Risse zeigt
Teigkugel auf ein gefettetes Backblech stürzen, auf der mittleren Schiene in den vorgeheizten Backofen schieben

Strom: zuerst 250, dann 220
Gas: zuerst 5, dann 3–4
Backzeit: zuerst 10 Minuten, dann etwa 50 Minuten.
Tip: Den restlichen Sauerteig entweder einfrieren oder mit soviel Mehl verkneten, daß ein krümeliger Teig entsteht. Dieser „Krümelsauer“ ist im Kühlschrank etwa 1 Monat haltbar. Für die Weiterverwendung wird er dann wieder mit Wasser verrührt, bis er die gleiche Konsistenz wie der Teig hat.

Herbstbrot
(Foto)

500 g mehligkochende Kartoffeln waschen, in einem Siebeinsatz in einem Topf über kochendes Wasser hängen, Kartoffeln in etwa 1 Stunde weich dämpfen, heiß pellen, durch die Kartoffelpresse drücken, mit
500 g Vollkornweizenmehl verreiben
40 g frische Hefe in
2–3 Eßl. lauwarmem Wasser auflösen, mit
200 ml (1/5 l) lauwarmer Milch
200 ml (1/5 l) lauwarmem Wasser
3 Eßl. weicher Butter
1 Teel. Salz verrühren, zu einem elastischen Teig verkneten
1 Apfel (z.B. Boskop) schälen, fein raspeln
150 g Sonnenblumenkerne in einer Pfanne ohne Fett etwa 5 Minuten rösten, mit den Apfelraspeln unter den Teig kneten, zugedeckt an einem warmen Ort etwa 1 1/2 Stunden gehen lassen, in zwei gefettete Kastenformen füllen, mit
2–3 Eßl. Sonnenblumenkernen bestreuen, etwa 40 Minuten gehen lassen, auf dem Rost in den vorgeheizten Backofen schieben

Strom: Etwa 220, **Gas:** 2–3
Backzeit: 50–60 Minuten
Brote aus der Form stürzen, mit der Seite auf ein Kuchengitter legen, ausdampfen lassen.

Quark-Brötchen
(Foto)

40 g frische Hefe in
3 Eßl. lauwarmen Wasser auflösen, 15 Minuten an einem warmen Ort gehen lassen, mit
500 g Weizenvollkornmehl
400 g Magerquark
etwa 150 ml lauwarmem Wasser
1 Teel. Salz zu einem elastischen Teig verkneten, Teigkugel mit
Weizenvollkornmehl bestäuben, zugedeckt etwa 1 Stunde gehen lassen, bis sich ihr Volumen verdoppelt hat, nochmals durchkneten, mit bemehlten Händen kleine, runde Brötchen formen
1 Eigelb mit
3 Eßl. Joghurt verrühren, Brötchen auf ein gefettetes Backblech setzen, mit dem Ei bestreichen, nochmals 15 Minuten gehen lassen, auf der mittleren Schiene in den vorgeheizten Backofen schieben
Strom: Etwa 200, **Gas:** 2–3
Backzeit: Etwa 20 Minuten.

Kastanien-Brötchen

20 g frische Hefe in
2 Eßl. lauwarmem Wasser auflösen, 15 Minuten an einem warmen Ort gehen lassen, mit
300 g Weizenvollkornmehl
etwa 125 ml (1/8 l) lauwarmer Milch
50 g Butter
50 g Rübenkraut
1/3 Teel. Salz zu einem formbaren, geschmeidigen Teig verkneten, zugedeckt an einem warmen Ort etwa 1 Stunde gehen lassen, bis er sein Volumen verdoppelt hat
250 g Eßkastanien oben kreuzweise einschneiden, in
kochendes Wasser geben, 5–10 Minuten kochen lassen, bis sich die Einschnittstellen öffnen
Kastanien schälen, vierteln
20 g Butter zerlassen, Kastanien darin 5 Minuten braten, etwas abkühlen lassen, unter den Teig kneten kleine, runde Brötchen aus dem Teig formen, kreuzweise einschneiden, auf ein Backblech setzen, etwa 15 Minuten gehen lassen, in den vorgeheizten Backofen schieben
Strom: 180–200, **Gas:** Etwa 2
Backzeit: 20–25 Minuten.

Roggenmischbrot in Kohlblättern

20 g frische Hefe in
3 Eßl. lauwarmem Wasser auflösen, an einem warmen Ort etwa 15 Minuten gehen lassen, mit
500 g Roggenvollkornbrot
200 g Weizenvollkornmehl
200 g Magerquark
etwa 400 ml lauwarmem Wasser
1 Packung Natur-Sauer
1 Eßl. Salz
1 Eßl. Kümmel
1 Eßl. Anissamen zu einem festen Teig verkneten, Teigkugel mit
Roggenvollkornmehl bestäuben, zugedeckt an einem warmen Ort etwa 1 Stunde gehen lassen, 2 runde Brotlaibe daraus formen
etwa 12 große Außenblätter von Wirsing oder Weißkohl waschen, abtropfen lassen, Teigkugeln darin einpacken, auf ein gefettetes Backblech setzen, etwa 1 Stunde an einem warmen Ort gehen lassen, in den vorgeheizten Backofen schieben
Strom: Etwa 220, **Gas:** 3–4
Backzeit: Etwa 60 Minuten
Kohlblätter abnehmen, Brote auskühlen lassen.
Tip: Wenn man auf die Weise Brötchen backt, überträgt sich das Aroma der Blätter noch intensiver und durch die kürzere Backzeit sind die Blätter noch genießbar.

Brötchenrondell
(Foto)

20 g frische Hefe	in
2 Eßl. lauwarmem Wasser	auflösen, 15 Minuten an einem warmen Ort gehen lassen, mit
500 g Weizenvollkornmehl **etwa 250 ml ($^1/_4$ l) lauwarmer Milch** **1 Teel. Salz**	zu einem elastischen Teig verkneten, an einem warmen Ort 1–2 Stunden gehen lassen, nochmals durchkneten, 16 kleine Kugeln daraus formen
8 Eßl. verschiedene Nuß- und Samensorten	nach Sorten getrennt auf die Brötchen streuen Brötchen als Rondell auf ein gefettetes Backblech setzen, 30 Minuten gehen lassen, in den vorgeheizten Backofen schieben
Strom:	Etwa 225, **Gas:** Etwa 4
Backzeit:	Etwa 20 Minuten.

Gerstenkeimbrot

30 g frische Hefe	in
3 Eßl. lauwarmem Wasser	auflösen, mit
1 Eßl. Honig	verrühren, 15 Minuten an einem warmen Ort gehen lassen, mit
300 g Weizenvollkornmehl **300 g Gerstenvollkornmehl** **300 ml lauwarmer Buttermilch** **2 Tassen (je 250 ml) Gerstenkeimen**	zu einem formbaren, elastischen Teig verkneten, an einem warmen Ort etwa 1 Stunde gehen lassen, nochmals durchkneten, zum runden Laib formen, auf ein bemehltes Backblech legen, Oberfläche rautenförmig einschneiden, mit Wasser bestreichen, mit
Weizenvollkornmehl	bestäuben, etwa 1 Stunde gehen lassen, in den vorgeheizten Backofen schieben
Strom:	Zuerst 240, dann 220
Gas:	Zuerst 4–5, dann 3–4
Backzeit:	Zuerst 10, dann 50 Minuten.

Corn-Muffins
(Foto)

250 g Maismehl mit
1 gehäuften Teel. Backpulver mischen
300 g lauwarmen Joghurt mit
2 Eiern
40 g zerlassener Butter
1 Teel. Honig
1/2 Teel. Salz verrühren, mit dem Maismehl zu einem glatten Teig verrühren
50 g geschälte Kürbiskerne grob hacken, unter den Teig ziehen
6–8 Portionsbackförmchen ausfetten, Teig einfüllen, auf dem Rost auf der mittleren Schiene in den vorgeheizten Backofen schieben
Strom: Etwa 200
Gas: 2–3
Backzeit: Etwa 30 Minuten
Corn-Muffins etwas abkühlen lassen, dann erst stürzen
am besten noch warm mit frischer Butter servieren.

Haferflocken-Schichtbrot

20 g frische Hefe in
3 Eßl. lauwarmem Wasser auflösen, an einem warmen Ort etwa 15 Minuten gehen lassen, mit
400 g Weizenvollkornmehl
etwa 250 ml (1/4 l) Bier
1–2 Teel. Salz zu einem festen Teig verkneten, Teigkugel mit
Weizenvollkornmehl bestäuben, zugedeckt an einem warmen Ort etwa 1 Stunde gehen lassen, bis sich ihr Volumen verdoppelt hat
4 Zwiebeln abziehen, in Würfel schneiden
2 Eßl. Butter oder Margarine (aus dem Reformhaus) zerlassen, Zwiebeln darin knusprig braun braten, herausnehmen
1 Eßl. Butter oder Margarine (aus dem Reformhaus) zerlassen
200 g Haferflocken darin etwa 5 Minuten rösten, mit den Zwiebeln vermengen
eine große Kastenform ausfetten, Teig in etwa 20 Portionen teilen, kleine, flache Fladen formen, unregelmäßig in die Kastenform füllen, dabei immer mit Flocken-Zwiebel-Mischung bestreuen, andrücken, etwa 1 Stunde gehen lassen, auf dem Rost in den vorgeheizten Backofen schieben
Strom: Etwa 200
Gas: 2–3
Backzeit: Etwa 1 Stunde
etwas abkühlen lassen, aus der Form stürzen.

Würziges Pilzbrot

50 g getrocknete Champignons mit
500 ml (1/2 l) kochendem Wasser übergießen, etwa 2 Stunden einweichen, Einweichwasser abgießen, auffangen, mit Wasser wieder auf 500 ml (1/2 l) auffüllen
Pilze in Würfel schneiden
20 g frische Hefe in
2–3 Eßl. lauwarmem Wasser auflösen, etwa 15 Minuten an einem warmen Ort gehen lassen, mit Pilzen,
500 ml (1/2 l) Pilzwasser
500 g Weizenvollkornmehl
500 g Weizenvollkornschrot
1 Eßl. Salz zu einem festen, elastischen Teig verkneten, Teigkugel mit
Weizenvollkornmehl bestäuben, zugedeckt an einem warmen Ort etwa 1 Stunde gehen lassen, bis sich ihr Volumen verdoppelt hat, nochmals durchkneten, zwei lange, schmale Brotlaibe formen, auf ein bemehltes Backblech legen, nochmals etwa 1 Stunde gehen lassen, mit
2 Eßl. Nußöl bestreichen
Backblech in den vorgeheizten Backofen schieben
Strom: Etwa 220
Gas: 3–4
Backzeit: Etwa 45 Minuten.

Knuspersprossenfladen
(Foto)

1 Tasse (250 ml) Weizenkeime
1 Tasse (250 ml) Roggenkeime
1 Tasse (250 ml) Gerstenkeime durch die feine Scheibe des Fleischwolfs drehen, mit
1 Teel. Nußöl
1/2 Teel. Kräutersalz
1 Prise weißem Pfeffer verkneten, zu kleinen, dünnen Fladen formen, mit
3 Eßl. Sesamsamen bestreuen
Blech mit geöltem Pergament auslegen, Fladen darauflegen, in den vorgeheizten Backofen schieben, nach halber Backzeit Fladen wenden
Strom: Etwa 150
Gas: Etwa 1, Ofentür einen Spalt offen stehen lassen
Backzeit: etwa 1 Stunde.
Tip: Kann auch mit Sonnenblumenkernen, Kürbiskernen, Nüssen, kleinen Keimen (Alfalfa, Kresse etc.), Kümmel, Anis etc. bestreut werden.

Pfannenfladen

Für den Teig
15 g frische Hefe in
2–3 Eßl. lauwarmem Wasser auflösen, mit
250 g Weizenvollkornmehl
6–8 Eßl. lauwarmem Wasser
1/2 Teel. Salz zu einem formbaren Teig verkneten, Teigkugel mit
Weizenvollkornmehl bestäuben, zugedeckt etwa 1 Stunde gehen lassen, bis sich ihr Volumen verdoppelt hat, in vier Portionen teilen

für die Füllung
100 g weiche Butter mit
1 abgezogenen Zwiebel
1 abgezogenen Knoblauchzehe
1/2 Teel. Kreuzkümmel
1/2 Teel. Koriander
1/2 Teel. Muskat im Mixer pürieren
jede Teigportion zu einem Rechteck von 15 x 35 cm ausrollen, jeweils 1/4 der Füllung auf die Mitte der Streifen streichen, linke und rechte Seite darüberschlagen, wieder zur ursprünglichen Größe ausrollen, linkes Drittel über, rechtes Drittel unter die Mitte schlagen, an einem warmen Ort etwa 1 Stunde gehen lassen, von beiden Seiten mit einer Gabel mehrfach einstechen, nacheinander in einer gußeisernen Pfanne von jeder Seite etwa 10 Minuten bei mittlerer Hitze ohne Fett backen
den Pfannenfladen sofort heiß servieren.

Pita

30 g frische Hefe in
3 Eßl. lauwarmem Wasser auflösen, mit
1 Eßl. Honig verrühren, etwa 15 Minuten an einem warmen Ort gehen lassen, mit
500 g Weizenvollkornmehl
etwa 250 ml (1/4 l) lauwarmem Wasser
3 Eßl. Olivenöl
1 Prise Salz zu einem elastischen Teig verkneten, weiterkneten, bis der Teig nicht mehr klebt, Teigkugel mit
Weizenvollkornmehl bestäuben, zugedeckt etwa 1 Stunde gehen lassen, bis sich ihr Volumen verdoppelt hat, zu einem runden Riesenfladen von etwa 30 cm Durchmesser formen, auf ein gefettetes Backblech legen, mit
2 Eßl. Sesamsamen bestreuen, etwa 30 Minuten gehen lassen
Backblech in den vorgeheizten Backofen schieben
Strom: Etwa 220
Gas: 3–4
Backzeit: Etwa 20 Minuten.

Hirsebrot aus der Pfanne

200 g Hirse über Nacht in
etwa 300 ml Wasser einweichen, abtropfen lassen
30 g frische Hefe in
3 Eßl. lauwarmem Wasser auflösen, mit
1 Teel. Honig verrühren, an einem warmen Ort etwa 15 Minuten gehen lassen, mit Hirse,
200 g Weizenvollkornmehl
etwa 125 ml (1/8 l) lauwarmer Milch
2 Eßl. Honig
1 Teel. Salz
1 Teel. Kardamomsamen zu einem elastischen, formbaren Teig verkneten, zugedeckt etwa 1 Stunde an einem warmen Ort gehen lassen
eine Pfanne mit
1 Teel. Sonnenblumen- oder Maiskeimöl ausstreichen, mit
2 Eßl. Hirsekörnern ausstreuen, Teig zu einem flachen Brot in Pfannengröße formen, in der Pfanne etwa 30 Minuten gehen lassen, Pfanne erhitzen, Deckel auflegen, bei mittlerer Hitze von jeder Seite 15 Minuten backen, zum Wenden herausnehmen, Pfanne wieder mit
1 Teel. kaltgepreßtem Sonnenblumen- oder Maiskeimöl ausstreichen, mit
2 Eßl. Hirsekörnern ausstreuen, nach dem Backen evtl. verbrannte Körner von dem Fladen klopfen
Hirsebrot heiß oder kalt servieren.

Wir danken folgenden Firmen für die freundliche Unterstützung: Jupiter GmbH, Schorndorf
Philips GmbH, Hamburg